Made in the USA
San Bernardino,
CA

58948134R00063